एक महीना नज़्मों का

नज़्मों का संग्रह

एक महीना नज़्मों का

वाणी प्रकाशन
2रा संस्करण

इरशाद कामिल

वाणी प्रकाशन
प्रकाशन के उत्कृष्टतम 63 वर्ष

सजिल्द प्रथम संस्करण 2015
सजिल्द द्वितीय संस्करण 2026

vaniprakashan.com

वाणी प्रकाशन

4695, 21-ए, दरियागंज, नयी दिल्ली-110 002
फ़ोन : + 91 11 23273167, 23275710
शाखाएँ
अशोक राजपथ, पटना-800 004, बिहार
कॉफ़ी हाउस कैम्पस, महात्मा गांधी मार्ग, प्रयागराज-211 001, उत्तर प्रदेश
महात्मा गांधी अन्तरराष्ट्रीय हिन्दी विश्वविद्यालय, वर्धा-442 001, महाराष्ट्र
sales@vaniprakashan.in
vaniprakashan@gmail.com

Ek Maheena Nazmon Ka
by Irshad Kamil
ISBN : 978-93-5072-921-2

Nazms

मूल्य : ₹ 495

आर. टेक ऑफ़सेट प्रिंटर्स, दिल्ली-110032 में मुद्रित

वाणी प्रकाशन का लोगो मक़बूल फ़िदा हुसेन की कूची से

मेरे और उसके नाम
या फिर
तुम्हारे और उसके नाम
या चलो
सिर्फ़ उसी के नाम...।

तरतीब

प्रेम पत्र खो गये

"जब समय बीतता है तो सारा नहीं बीतता कुछ हमारे पास रह जाता है।

जो हमारे पास रह जाता है वो समय बहुत उपजाऊ होता है। बहुत कुछ बन जाता है उस समय से, चित्र, कहानियाँ, गीत या फिर दुःख और तक़लीफ़ें। हम में सब कुछ बनाने की कला है।" मैंने उसकी बात सुनी और मैं खेत में उगे अनचाहे घास की तरफ़ देखने लगा। कुछ लोग ऐसे ही होते हैं घास की तरह, हर तूफ़ान के बाद भी बचे रहते हैं। ऐसा ही तो है ये जो अपने आप को इन नज़्मों का लेखक समझता है। जो मुझे पहली बार अपनी नज़्मों की डायरी दे गया था और फिर मुझे पार्क में मिल गया था। इस बार अचानक पिछले दिनों पंजाब के खेत में मिला। मैं खेत में बिजाई करवा रहा था और वो गाँव में कुछ ढूँढ रहा था। मुझे देखा तो दूर से भाग कर मेरे पास आ गया था, बोला, "आप यहाँ क्या कर रहे हैं?"

मैंने कहा, ''मेरा तो यह गाँव है। तू क्या कर रहा है यहाँ?''

वो कुछ बोला नहीं। मैंने जब अपना सवाल दोहराया तो उसने झिझकते हुए जवाब दिया, "मेरी बहुत सारी नज़्में खो गयी हैं।''

उसकी बात सुन कर मैं कहना चाहता था 'कुछ भी मत बको' लेकिन मैंने पूछा, "कहाँ?"

उसकी आँखें अचानक डबडबा सी गयीं, कहता "पता नहीं कब और कहाँ खो गयीं, सिर्फ़ नज़्में ही नहीं मेरे हिस्से में आये मोहब्बत के कई ख़त भी खो गये हैं।"

मेरी हँसी छूटने वाली थी और मैं मन ही मन सोचने लगा 'अब इसे कौन मोहब्बत के ख़त लिखता होगा।' लेकिन एक झूठी सी हमदर्दी के साथ मैंने कहा, "जाने दो ये कोई बड़ी बात नहीं है।"

"बड़ी बात नहीं?" वो लगभग तिलमिला उठा, "मोहब्बत के ख़तों का खो जाना हमारी दुनिया का पहला सबसे बड़ा नुक्सान है।"

इतना कहने के बाद वो जैसे ख़्यालों में खो गया, "उन लिफ़ाफ़ों में छुपाकर किसी ने मेरे लिए ख़ूबसूरत दिन भेजे थे। उन्हीं दिनों में से एक-आध बचा हुआ लम्हा उठा कर मैं दो-चार नज़्में बना लिया करता था। एक ख़त में कई दिन, एक दिन में कई लम्हे और एक लम्हे में कई नज़्में।

मुझे अपनी नज़्मों की एहमियत अब समझ में आ रही है जब मेरी किताब सातवें संस्करण में पहुँच गयी। ये नज़्में मैंने स्कूल के बस्ते में से और कॉलेज की कॉपियों में से निकाली थीं।"

ओह! जिसे मैं इतना मामूली समझता था और अब तक समझता हूँ लोग उसको इतनी शिद्दत से पढ़ सुन रहे हैं, कमाल है। मैंने उसे गाँव से चलता करने के चक्कर में कहा, "यहाँ तुम्हें कुछ नहीं मिलेगा। बूढ़े बरगद, पीपल, नीम और सूखी बेरियों के सिवा। तुम्हारे मोहब्बत के ख़त तो हो ही नहीं सकते यहाँ। तुम चलो यहाँ से।" वो मेरी बात सुन कर थोड़ा मायूस हो गया फिर धीरे से उसने मुस्कुराना शुरू कर दिया। इससे पहले कि पागलों की तरह वो हँसने लगे मैंने उसे ज़रा सीधे लहजे में पूछा, "मुस्कुरा क्यों रहे हो?" उसने कहा, "बात आपकी सही है पर उतनी सही भी नहीं है।"

क्योंकि मैं आगे कोई भी बात बढ़ाना नहीं चाहता था इसलिए मैंने एक शब्द नहीं निकाला मुँह से। वो मेरी तरफ़ देखता रहा। जैसे मुझमें कुछ ढूँढ़ रहा हो। जब उसकी ऐसी नज़र मुझसे बर्दाश्त नहीं हुई तो मैंने कहा, "देखो, ये मोहब्बत के ख़त, ये प्रेम पत्र-वत्र पुरानी बातें हो गयी हैं। अब कोई नहीं लिखता किसी को प्रेम पत्र।"

वो नीचे देखते हुए अपने पैर से धरती पर खड्डा-सा

बनाने लगा। फिर बोला, “आजकल प्रेम पत्र कोई नहीं लिखता किसी को–धरती से प्रेम पत्रों का खो जाना धरती के सबसे पहले कुदरती स्रोत का ख़त्म हो जाना है।”

“किस स्रोत का?”

“शुद्ध प्रेम के स्रोत का।”

फिर उसने धरती से आँखें उठा कर मेरे चेहरे पर रख दीं और कहने लगा, “सोना, लोहा, पानी या अनाज ख़त्म होगा जब होगा लेकिन प्रेम पत्र तो ख़त्म हो चुके हैं। जैसे हम शुद्ध प्रेम पत्रों के बिना जी रहे हैं वैसे ही शुद्ध पानी, शुद्ध हवा और शुद्ध अनाज के बिना भी जी सकते हैं, है ना।” मुझे समझ नहीं आया कि मैं उसकी बात पर हाँ कहूँ या न, ये पागल जो सोच रहा है कि धरती से प्रेम पत्र ख़त्म हो गये हैं वो मैं क्यों नहीं सोच रहा? मैं एक अजीब सी आत्मग्लानि से घिरने लगा तो मैंने उसे चलता करना चाहा, “अच्छा चलो तुम, तुम्हें देर हो रही होगी।”

“देर? किस बात की...मतलब किस काम के लिए?”

जब मुझे तुरन्त कोई जवाब न सूझा तो मैंने कहा, “लिख...ने के लिए... नज़्में लिखते हो न...वैसे ये बताओ तुम्हारी नज़्में, कवितायें पढ़ता कौन है?”

उसने कहा, “जिन्हें इतना कुछ अशुद्ध होने के बाद भी शुद्ध प्यार करना आता है। जिन्हें अभी तक पैसे ने पूरी तरह पीसा नहीं हैं। जिनमें अभी भी थोड़ा बहुत खुरदुरापन

बाक़ी है।" फिर एक लम्बी साँस लेकर कहने लगा, वैसे प्रकाशक को इस बार मेरा धन्यवाद करना चाहिए सही और सच्चे पाठक उसे दिलाने के लिए।"

मैं मन ही मन सोचने लगा कि ऐसी बातें सोचना ही तो पागलपन है इसका, यह इरशाद जिस दुनिया में रहता है वो मेरे आसपास तो कहीं भी नहीं है। ऐसे खुद पसन्द, निर्भीक और सिरफिरे के साथ मैं कैसे निभा रहा हूँ बस मैं ही जानता हूँ, ये इन्सान नहीं भूल भुलैयाँ है। इसको समझने की कोशिश में कई बार मैंने खुद को नासमझ महसूस किया है। इसकी सीधी बात में भी इतनी तहें होती हैं कि पूछिए ही मत। आप भी इसे ज़्यादा भाव मत दीजियेगा वर्ना आपको भी वो सच और सही की लत लगा देगा।

आगाहकर्ता,

इरशाद कामिल

कोरा काग़ज़ और लाल क़लम

'एक महीना नज़्मों का' किताब का यह छठा संस्करण मुझे अपने बच्चे की छठी जैसा लग रहा है। वही ख़ुशी, वही उमंग, वही उत्तेजना और जोश। इन सबके ऊपर शुक्रिया के धागे से बुनी फ़ख़्र की चादर। मेरे ख़यालों के दरवाज़े पर लाल-पीली मौली से नीम के पत्ते बँधे हैं जिनकी ख़ुश्बू इस समय मुझे काग़ज़ की ख़ुश्बू से मिलती-जुलती लग रही है। मुझे लग रहा है कि अभी एक दिये में नरम कपास की बाती रखी जायेगी, दिये में देसी घी डाला जायेगा और चूल्हे से ज़रा सी आग लेकर ये दिया जलाया जायेगा। बड़े आदर से ये दिया लकड़ी की चौकी पर रखेंगे और साथ में रखेंगे कोरा काग़ज़ और लाल क़लम। फिर ख़ामोशी के साथ दुआ करते हुए ये उम्मीद की जायेगी कि विधाता आयेंगे और उस लाल क़लम से कोरे काग़ज़ पर बच्चे का भाग्य लिख जायेंगे। आशीष देंगे उन्हें जिनकी वजह से ये सब सम्भव हुआ है।

मुझे आपकी मोहब्बत की आशीष मिल चुकी है और वाणी प्रकाशन को भी आपका स्नेह प्राप्त है। ये स्नेह, ये मोहब्बत बनी रहे बस यही ख़्वाहिश है। रही बात भाग्य लिखे जाने की, तो मेरे विचार से पुस्तक के विधाता उसके पाठक होते हैं। आप सब पाठक मित्रों ने इस पुस्तक का भाग्य सुनहरे अक्षरों में लिख दिया है। आपका बहुत शुक्रिया। आप साथ हैं तो मुझे या इस पुस्तक के प्रकाशक महोदय को और क्या चाहिए? आपकी मोहब्बत ही हमारी कमाई और कामयाबी है।

15 जनवरी, 2021 इरशाद कामिल

रोमानी डायरी से

हल्की सर्दी और वो, आधी रात को सुनसान सड़क पर धीरे-धीरे चल रहे थे। मैंने दूर से ही पहचान लिया उसे। वही था। उसे ही ऐसे सड़कों पर आवारा घूमने की आदत है। मैंने सोचा आज फिर उसका पीछा करूँ, देखूँ आख़िर ये जाता कहाँ है। अपने और उसके बीच के फ़ासले को कम करने के लिहाज से मैंने रफ्तार थोड़ी बढ़ा दी। उसने अचानक पीछे मुड़ कर देखा तो मैं सकपकाया नहीं, सकपकाता तो यक़ीनन उसको शक़ हो जाता कि मैं उसका पीछा कर रहा हूँ। सड़क किनारे के पैदल रस्ते पर बैठ कर वो अपने जूते के तस्में कसने लगा। मजबूरन मुझे उसके पास से गुज़रना पड़ा। अब? अब क्या करूँ, उधर से ही पलट कर वो वापिस हो लिया तो उसका पीछा कैसे करूँगा? कैसे जान पाऊँगा कि ऐसे आधी आधी रात को वो कहाँ कहाँ जाता है। तभी मुझे सामने से साइकल पर चाय बेचने वाला मुण्डु आता हुआ दिखाई दिया। मुझे बहाना मिल गया वहीं रुक कर उसपे नज़र रखने का। मैंने इशारे से मुण्डु को रोका और एक उँगली उठाई। मुण्डु ने अपनी समझदारी का सबूत देते हुए बिना कुछ बोले प्लास्टिक की छोटी सी कप्पी

में चाय डालना शुरू कर दिया। वो तस्में कस चुका था, उठा और चाय वाले के पास आ गया। मुझे देख कर मुस्कुराया। मैंने उसकी मुस्कुराहट को अनदेखा करके चाय के पैसे देने के लिए अपनी जेब टटोलना शुरू कर दिया। वो बोला, हम कहीं मिले हैं क्या? मैंने कहा, मुझे नहीं लगता। मेरे जवाब ने उसका चेहरा उतार दिया। उसने भी चाय ली और अब हम दोनों साथ साथ चलने लगे। वो बोला, आपको क्या लगता है ये चाय वाले क्या सिर्फ चाय बेचते हैं? ये चाय नहीं अपनी नींद बेचते हैं जनाब। मैंने उसकी तरफ देखा ज़रूर लेकिन कोई जवाब नहीं दिया। वो फिर बोला, यूँ ही टहल रहे हैं इस नीम सर्दी में या किसी काम से निकले हैं? उसकी बात का जवाब न देने की गरज़ से मैंने पूछा, माचिस है? वो मुस्कुराता हुआ बोला, आग है। आख़िर इस तरह से उसने अपनी बातों के धागे बाँधने शुरू कर दिये। ये मेरी और उसकी पहली मुलाकात थी। तब तकरीबन सत्रह का रहा होगा वो।

आप न जाने इरशाद कामिल को कैसे, क्यों और कितना जानते हैं लेकिन मेरा यक़ीन है कि मुझसे ज़्यादा नहीं जानते होंगे। आप उसे जो भी समझें लेकिन मैं उसे बेहद मामूली और फालतू दिमाग़ वाला इंसान मानता हूँ। मामूली बातों से ख़ुश भी हो जाता है और नाराज़ भी। ख़ुशी कभी-कभार ज़ाहिर कर भी देता है लेकिन नाराज़गी ऐसे सँभाल लेता है जैसे वो उसकी कमाई हो। फालतू नज़्मों से भरे हुए इस इंसान ने अपने आप को कभी संजीदगी से नहीं लिया। ख़ाम-ख़्याली में इतना वक़्त बरबाद करता है जैसे वक़्त उसका गुलाम हो और वो वक़्त का बादशाह।

पहली दूसरी मुलाक़ात में ही समझ गया था मैं कि इसमें अकड़ बहुत है। अगली दो-चार मुलाक़ातों के बाद मुझे एहसास हुआ कि मैं जिसको अकड़ समझ रहा हूँ वो दरअसल आत्म-सम्मान है। पाँचवीं-छठी मुलाक़ात में मेरी समझ से थोड़ा बाहर होने लगा वो। क्योंकि ज़रा सी बात पर कभी तीर की तरह तन जाता था और कभी बड़ी से बड़ी बात पर शहतूत की शाख़ की तरह झुक जाता था। एक दिन मुझे कहता, जनाब कभी-कभी मुझे हर आदमी ग़लत और अपना हर काम सोची समझी ग़लती लगने लगता है। मुझे लगा इसका दिमाग़ ख़राब हो गया है।

हमेशा कुछ ढूँढ़ता सा रहता है, पता नहीं क्या खोया है इसका। जो ढूँढ़ रहा है, इस उम्र में मिलेगा भी या नहीं। एक बात बहुत दावे के साथ कह सकता हूँ कि ये तलाश सुकून-वुकून जैसी किसी वाहियात चीज़ की नहीं है। कुछ और है, अब ये कुछ और क्या है वही जाने।

बन्दा यारबाज़ है लेकिन यार इसको ज़्यादा भाव नहीं देते और कुछ ऐसे भी हैं जिनको ये भाव नहीं देता। यारों की कमी खलती सी रहती है उसे। अन्दरूनी तौर पर बहुत आत्मविश्वास से भरा हुआ है लेकिन बाहरी तौर पर हमेशा थोड़ा घबराया हुआ सा दिखाई देता है। अकेले में उससे बड़ा जोकर नहीं और महफिल में उससे ज़्यादा संजीदा नहीं। मौके के लिए सही कपड़े नहीं चुन पाता, कोई कुछ माँगने आ जाये तो इन्कार नहीं कर पाता। वैसे पैसा खर्च करने में रत्ती भर भी परवाह नहीं करता लेकिन कभी किसी भिखारी को चवन्नी तक देकर राज़ी नहीं। कोई और दे तो उसे भी रोक देता है ये कहकर कि इनकी

आदत न देने से ही सुधरेगी। ज़िन्दगी का जश्न मनाना चाहता है लेकिन पार्टियों में जाते ही बोर होने लगता है। सबसे ज़्यादा हाथ पाँव उसके तब फूलते हैं जब किसी लड़की से बात करनी हो। लड़की सामने हो तो वो, वो रह ही नहीं पाता। उसके सामने सभ्य और समझदार बनने की कोशिश में इतना तोड़-मरोड़ लेता है खुद को कि पहचानना मुश्किल हो जाता है। वैसे ही थोड़ा ख़ामोश तबियत है लेकिन लड़की के सामने तो जैसे बोलती ही बन्द हो जाती है। जब दीन-दुनिया से ज़्यादा घबरा जाता है तो कभी-कभार मेरे पास भी आ जाता है। खुद से रूठा हुआ, अपने आप से बात न करने की कोशिश में नाकाम।

उस दिन बादल जम के बरस रहा था और मैं खिड़की से बारिश का बरसना देख रहा था। बरसते बादल में, बिना छाते के, पानी में सराबोर वो प्लास्टिक के थैले में कुछ लपेट कर मेरे पास आ धमका। इससे पहले कि मैं कुछ पूछता वो बोला, जनाब आपको पता है जब बादल हवा से जुदा होता है तो रोने लग जाता है और हम खुश होकर कहते हैं बारिश आ गयी। मैं उस वक़्त उसका कोई घटिया फलसफ़ा सुनने के लिए तैयार नहीं था, मैंने थोड़ा सपाट लहजे में पूछा, ये बताने आये हो ऐसे भीगते हुए? वो बोला, आज कुछ रोमानी नज़्में सुनाने का मन है आपको। मैं ज़ोर से हँसा, तुम और रोमानियत? उसने खिसियाते हुए कहा, क्या हुआ लड़कियों से बात करते हुए झिझक होती है रोमानी नज़्में तो फिर भी लिखता हूँ मैं। मैंने पूछा तुमने कभी मोहब्बत की है? मेरा सवाल सुन कर वो पल भर के लिए चुप हो गया। जैसे उस लड़की का चेहरा ज़हन में ला रहा हो जिसे वो चाहता है, फिर अचानक बड़बड़ाने लगा।

जब से दुनिया बनी है मैं मोहब्बत करता आ रहा हूँ और जब तक रहेगी मोहब्बत करता रहूँगा। आपको पता है जनाब दुनिया कब तक रहेगी? मैंने उसके अटपटे सवाल पर इन्कार में सर हिला दिया। वो बोलता रहा, दुनिया तब तक रहेगी जब तक मैं ज़िन्दा रहूँगा, सच मेरी दुनिया सिर्फ तभी तक है। जब तक ज़िन्दा हूँ मोहब्बत करता रहूँगा। जब दुनिया बनी तो सबसे पहले मुझे हव्वा से मोहब्बत हो गयी। वो बात करते हुए ज़रा सा काँपने लगा, पता नहीं जज़्बात से या बारिश की हवा की वजह से। काँपते हुए कहने लगा, मोहब्बत की खुमारी में हम वो कर बैठे जो नहीं करना चाहिए था और हमें जन्नत से निकाल ज़मीन पर पटक दिया गया। ज़मीन पर मजनूँ बन कर लैला के लिए रेगिस्तानों में भटका, कभी पुन्नु बनके सस्सी को सोते हुए छोड़ गया रेगिस्तानों में भटकने के लिए, कभी हीर के लिए घर-दर छोड़ा तो कभी महिवाल बनके सोहनी का इन्तज़ार किया चनाब के किनारे। कुंजू बन कभी चंचलों के लिए निजी किसम की लड़ाई लड़ी तो कभी लड़ाई में मार दिया मुझे साहिबा के भाइयों ने। कभी जुलैखा मुझे बाज़ार के सामान की तरह खरीद कर ले गयी कभी चित्तौड़ पर चढ़ाई कर दी मैंने रानी पद्मनी के लिए। ऐसे कितने किस्से हैं जिनका एक हिस्सा मैं रहा हूँ। आजकल भी तो मैं ही घूमता हूँ हर गली-मोहल्ले में आशिक़ बनकर। मैंने जरा भवें तानकर उसे देखा तो वो बोला, आप नहीं समझोगे जनाब, जाने दीजिए मेरी बकबक को मेरी कुछ नज़्में पढ़िए रोमानी डायरी में से। ज़्यादा नहीं हैं सिर्फ 31 हैं। मैंने सहज उत्सुकता से पूछा, ऐसा क्यों? उसने तपाक से जवाब दिया, एक महीने में ज़्यादा से ज़्यादा 31 दिन ही तो होते हैं।

मुझे उसका बाज़ारू सा फलसफ़ा समझ में नहीं आया। उसने आगे कहा, रोज़ रात को अगर कोई किसी की एक नज़्म पढ़ कर और समझ कर सोये तो मेरा यक़ीन है 31 दिन बाद वो थोड़ा बेहतर इंसान बन जायेगा। मेरी हँसी छूटने वाली थी लेकिन मैंने जबरन रोक ली। वो थोड़ा झेंप गया, उसे समझ में आ गया था कि मैं उसपे हँस रहा हूँ। उसकी झेंप मिटाने के लिए मैंने साफ झूठ बोल दिया, वाह! कमाल का ख़्याल है। मैंने उसकी डायरी ली और उसे खोल कर देखा। वो रुकते रुकते बोला, ये...ये जो...यहाँ नज़्म से ज़रा पहले एक छोटा सा टुकड़ा है न? ये खिड़की है उस नज़्म में झाँकने के लिए, लेकिन... लेकिन ये अँग्रेज़ी में तर्जुमा मैंने नहीं किया, तस्वीर ने किया है। और उसके तर्जुमे पर कामरान ने भी कई बार ताली बजाई। आपको तो पता है मेरी अँग्रेज़ी थोड़ी गुलाबी है, वो इसलिए कि न मैं अँग्रेज़ी से ज़्यादा प्यार करता हूँ और न ही अँग्रेज़ी में प्यार करता हूँ। एक अजीब से आवेग के साथ बात करते हुए उसकी कँपकँपी थोड़ी बढ़ गयी थी। मैंने पूछा, चाय पियोगे? तिरछी मुस्कराहट के साथ उसने कहा, हाँ चाय का प्याला भी नज़्मों का साथी हो सकता है और फिर हमारी तो पहली मुलाक़ात ही आधी रात को उस मुण्डु की चाय ने करवाई थी। जो चाय नहीं अपनी नींद बेच रहा था।

–इरशाद कामिल

एक लफ़्ज़

मैं अकसर बहुत कुछ करने की सोचता हूँ और अकसर बहुत कुछ नहीं करता। पर आज ऐसा नहीं था, मैंने सोचा था कि घर के सामने वाले पार्क में सैर करूँगा और देखो कर रहा हूँ। पता नहीं अपनी सोच का करने की ख़ुशी है या सैर के पहले दिन की उत्तेजना, जो भी है मैं तेज़-तेज़ दौड़ने लगा हूँ। एक चक्कर, दो चक्कर, ती...न पूरे नहीं हुए। मैं तक़रीबन अढ़ाई चक्कर के बाद हाँफता हुआ पार्क की एक बेंच पर बैठ गया। साँस धौंकनी की तरह चल रही है, आँखें ज़मीन देख रही हैं और पसीना मेरे चेहरे पर अपना रास्ता बनाता हुआ मिट्टी पर गोलाइयाँ बना रहा है।

'सर्दी धीरे-धीरे पहाड़ से गाय की तरह उतर रही है, साँसों में बिना सिगरेट पिये धुआँ भरने का एहसास जो सर्दियों में रोमांच देता था अब जाता रहा क्योंकि धुएँ ने तो सारे शहर पर चादर तान रखी है। ज़हरीली हो गयी है हवा—हमने ही की है। हमारी ख़ुदग़र्ज़ी और हमारे लालच ने। तो किसी को क्या दोष देना? अपने किये को ख़ुद भुगतो।'

अब मेरी साँस में साँस आ चुकी थी तो मैंने सोचा देखूँ बेंच के दूसरे कोने पर कौन बड़बड़ा रहा है...वही, वही था।

मुझे देख कर एक खिसियाहट भरी मुस्कान लगा ली इसने अपने चेहरे पर। मैंने अपना चेहरा ज़रा सख़्त करते हुए पूछा, 'ये सब तुम मुझे सुना रहे थे?' 'आप...आपको नहीं सुना रहा अपने...अपने आप से बात कर रहा हूँ।' मैं समझ गया कि मेरे चेहरे की सख़्ती देख कर वो घबरा गया है। मैंने उसे एक पल एकटक देखा और अपने चेहरे को थोड़ा नरम करते हुए पूछा, 'तुम यहाँ क्या कर रहे हो? कसरत-वसरत से तो तुम्हारा कोई वास्ता नहीं लगता।' उसने सिर हाँ में हिलाते हुए कहा, 'इस पार्क में बहुत कीड़े-मकोड़े, केंकड़े, चींटियाँ, चिड़ियाँ, तोते, कबूतर और कौवे होते हैं। उन्हीं को देखने आता हूँ पार्क में।' मुझे समझ में नहीं आया कि उसकी इस सिरफिरी सी बात पर क्या कहूँ। मैंने कहा, 'तो...इसमें ख़ास बात क्या है?' उसने सपाट चेहरे से जवाब दिया, 'सबके सब कसरत करते हैं...' हालाँकि मैं जानता था कि वो क्या कहना चाह रहा है लेकिन मैंने अनजान बने रहना ही सही समझा और बिना कुछ बोले उठ गया वहाँ से।

मैं फिर मिट्टी के ट्रैक पर दौड़ रहा था और दौड़ते हुए उसे पीछे छोड़ रहा था लेकिन फिर भी उसकी आख़िरी बात मेरे साथ-साथ चल रही थी। मैं सोचने लगा मैं क्या हूँ? कीड़ा-केंकड़ा, तोता, कबूतर या कौवा? मैं इनमें से अपने आप को जो भी समझता उसी से तकलीफ़ होने लगती मुझे, हीन भावना का शिकार सा हो जाता मैं। कीड़ा या केंकड़ा हूँ यानी कोई भी, कभी भी मुझे अपने पैरों तले रौंद सकता है। बिल्कुल नहीं। तो क्या तोता हूँ? हाँ, तोता सुन्दर होता है।

लेकिन वो तो वही बोलता है जो उसे सिखाया जाता है, मतलब अपना दिमाग़ ही नहीं। फ्रीडम ऑफ़ स्पीच यानी बोलने की आज़ादी का पता ही नहीं उसे, नहीं-नहीं तोता नहीं हूँ मैं। कबूतर? मुसीबत देख कर आँखें मूँदता हूँ क्या? मुझे उस पर पता नहीं क्यों गुस्सा आने लगा। ये किस उधेड़-बुन में फँसा दिया उस बद-दिमाग़ ने।

दौड़ का ये चक्कर भी पूरा हो गया था। मैं फिर उसी सीमेंट की बेंच के क़रीब था जिसपे वो बैठा था। इस बार फिर बैठ गया मैं उसके पास। उसे ये बताने के लिए कि वो अपने आपको ज़्यादा सियाना न समझे। सब कीड़े-केंकड़े, चींटियाँ-चिड़ियाँ, कबूतर या कौवे नहीं होते, जैसे मैं नहीं हूँ। इस बार मेरा साँस ज़्यादा नहीं फूला था तो कुछ कहने के अन्दाज़ में मैंने उसकी तरफ़ देखा लेकिन मेरे बोलने से पहले ही उसने कहा, ‘अच्छी ख़बर है।’ मुझे लगा जैसे इसने वो बात सुन ली है जो अभी-अभी मैंने ख़ुद से कही। वो सामने से गुज़रती हुई उस ख़ूबसूरत और जवान लड़की की तरफ़ देख रहा था जो कानों में ईअर फ़ोन लगाये अपने प्रेमी से बात कर रही थी। उसकी मुस्कराहट, चाल, हाव-भाव से कोई भी अन्दाज़ा लगा सकता था कि दूसरी तरफ़ उसका प्रेमी ही है। मैंने उसका ध्यान उस लड़की की तरफ़ से हटाने की गरज़ से पूछा, ‘क्या अच्छी ख़बर है?’ उसने बिना मेरी तरफ़ देखे जवाब दिया, ‘पहले मोहब्बत दिल से होती थी अब फ़ोन से होती है।’ कहने के बाद उसने मेरी तरफ़ देखा और फिर बोला, ‘अच्छी ख़बर ये है कि मुझे एक और नज़्म मिल गयी

''फ़ोन वाला इश्क़,'' अगर मैं ये नज़्म लिखूँ तो आप पढ़ेंगे?' मैंने कहा, 'फ़ालतू बातों के लिए वक़्त नहीं है मेरे पास।' वो तिलमिलाते हुए बोला, 'मेरी नज़्में फ़ालतू बातें नहीं हैं। आपको पता है मेरी नज़्मों की किताब 'एक महीना नज़्मों का' चौथे संस्करण में आ गयी है और उसकी तारीफ़ में सैकड़ों ख़त आये हैं मुझे। बेस्ट सेलर रही है वो किताब।' मैंने कहा, 'सीधा चौथा संस्करण? दूसरा और तीसरा कहाँ है?' मेरा सवाल सुन कर वो मुस्कुराता हुआ बोला, 'असल में इस बात का अन्दाज़ा प्रकाशक को भी नहीं हुआ कि मेरा चौथा संस्करण बाज़ार में दस्तक दे रहा है। वो तो जब उनका सालाना हिसाब किताब चिट्ठी के ज़रिये मुझ तक पहुँचा तब मैंने एहसास दिलाया उनको। रह जाता है बहुत कुछ अनदेखा इसमें क्या बड़ी बात है। जैसे यही अनदेखा हो रहा है कि फ़ोन हमें गठिये का रोगी और नपुंसक बना रहे हैं।' सामने से फिर वही लड़की उसी तरह बात करती हुई, जुल्फ़ें सँवारती हुई गुज़र रही थी। मैं समझ गया कि ये फिर कहीं से कहीं पहुँच गया। मैंने चुटकी लेते हुए पूछा, 'तुमने चौथे संस्करण की भूमिका लिख दी?' उसने इनकार में सिर हिलाते हुए कहा, 'अभी लिखूँगा।' मैंने पूछा, 'क्या लिखोगे।' उसने कहा, 'एक लफ़्ज़', मैंने पूछा, 'क्या?', उसने कहा, 'शुक्रिया।' मैंने कहा, 'बस?' उसने कहा, 'लिखना तो मैं ये चाहता हूँ कि मेरे पाठक दोस्तो मैं आप सबको ज़ाती तौर पर नहीं जानता लेकिन मैं यह पक्के तौर से जानता हूँ कि मैं तुम सब में से ही एक हूँ। शायद इसीलिए तुम सबने मुझे इतनी मोहब्बत दी। अपनी मसरूफ़ ज़िन्दगी में से मुझे तारीफ़

की चिट्ठियाँ लिखने का वक़्त निकाला, मेरी नज़्मों की पंक्तियों को अपने स्टेटस बना कर फेसबुक पर पोस्ट किया और मेरी किताब को दो साल से भी कम समय में चौथे संस्करण में ले आये। आपकी यही मोहब्बत मेरा सरमाया भी है और हौसला भी, इसे बनाये रखियेगा।' मैं उसकी बात सुनकर मुस्कुराने लगा। वो थोड़ा तिलमिला गया, 'आप हँस क्यों रहे हैं?' मैंने कहा यह तो सभी लिखते हैं, 'पाठकों का धन्यवाद, प्रकाशक का धन्यवाद, मुद्रक का धन्यवाद, खुदरा विक्रेता का धन्यवाद, इसका, उसका, सबका धन्यवाद। तुम अलग क्या लिखोगे? क्या ख़ास लिखोगे?' वो मौन तपस्वी की तरह अपलक मेरी तरफ़ देखता रहा। मैं समझ गया कि मैंने उसकी नाजुक जगह पे चोट कर दी। एक लम्बे अन्तराल के बाद वो कहीं गहरे से बोला, 'मुझे पता है मैं ख़ास नहीं लिखता पर ख़ालिस लिखने की कोशिश ज़रूर करता हूँ।' फिर अचानक वो उठा और उस लड़की के पीछे-पीछे चल दिया जिसकी तीसरे चक्कर में भी अपने प्रेमी से बातें ख़तम नहीं हुई थीं। पल भर के लिए मुझे लगा वो नयी नज़्म का पीछा कर रहा है लेकिन वो लड़की को पीछे छोड़ तेज़ी से आगे निकल गया। अब पार्क में वो नहीं था पर कुछ कीड़े-मकोड़े, केंकड़े, चींटियाँ, तोते, कबूतर और कौवे अब भी थे पार्क में।

यही था इरशाद। मैंने पिछली बार भी आपको दावे के साथ कहा था और इस बार भी दावे के साथ कहता हूँ कि वो बहुत ही मामूली, ग़ैरज़रूरी तौर पर संवेदनशील और फ़ालतू सोच का मालिक है। मेरा इतना वक़्त बर्बाद करता है कि उसे

अपने क़रीब से हटाना मुश्किल हो जाता है। आपका अगर कभी उससे आमना-सामना हो तो आपको ख़ुद अन्दाज़ा हो जायेगा कि वो जड़ है एकदम जड़...

जड़ जो ज़मीन में होती है।

—इरशाद कामिल

३१

एक महीना नज़्मों का

१

सर्दी थी
छत थी
वो थी...मैं भी था।

Winter chills
Roof thrills
I was there
She was aware.

पड़ोस की छत पर

अन्दर
आँच तो है
तभी तो कुछ न कुछ
पकता रहता है...

फ़ोन मत उठाओ
ताकि उफान कम हो
चूल्हे की लकड़ी खींचो

ये उफान छत पे चढ़ गया
तो शाम को सूखे कपड़े
समेटने से पहले समेट लेगा
कोई तुम्हें...

सर्दी की धूप
मोहब्बत की आँच
साथ साथ
एक छत से दूसरी छत
दूसरी से तीसरी

न रंगबिरंगी
ऊन के गोलों को पता चलता है
न धूप की वजह से आँखों पर झुकीं
बूर आई शालों को

मुँडेरों पर पसरी मोहब्बत
सर्दी में ख़ुश्क गालों से
टपक टपक पड़ती है

और शाम छलक जाती है

ये किताबें ले जाओ
जिनकी ओट से
तुमने मुझे देखा था

ट्रांजिस्टर
जिसपे चलता हुआ एक गीत
अचानक ऊँचा कर दिया था तुमने

दोपहर के खाने के बर्तन
जिन्होंने मेरे लिए मुनादी[1] की
लंच टाइम की

और हाँ सोने से पहले
अपने होठों पर मेरा
नाम लगा लेना

इन्तजार
पड़ोस की छत पर कल फिर
धूप की राह देखेगा
ख़्याल पकाने के लिये।

--==--

1. ऐलान।

एक महीना नख़रों का

२

सब कहते हैं
पगली झल्ली
कोई देता नहीं तसल्ली।

In everyone's eyes
I'm mad n unwise
No one ever hears to my
Silent cries.

रोयेंदार प्याली

बाहर से मदमस्त नशे की
रोयेंदार प्याली है
अन्दर से ख़ाली ख़ाली है

सत्रह साल की नाज़ुक टहनी
झुकी, नज़र से ग़ज़लें कहनी
जानें, लब हैं दो मिसरे...

मिसरी के पानी की नदिया
मर्ज़ी से बल खाती है
सुर्ख़ मोगरे से, पल में
अंगार अनल[1] हो जाती है

गुस्सैल नज़र की खिड़की पर
काजल का पर्दा काला है
हालाँकि है ये ख़बर, कोई
ना भीतर झाँकने वाला है
इक साँकल नीम ख़ामोशी की
जज़्बात के दर पे डाली है
अन्दर से ख़ाली ख़ाली है...

---

1. आग।

खुसरो की पहेली सी उलझी
ये उमर गुज़ारिश करती है
हर वक़्त मुझे समझाओ न
कुछ समझो भी...

--==--

एक महीना नज़्मों का

३

एक लफ़्ज़
मैं जेब में रखके
तुमसे मिलने आता हूँ
उसे बोले बिन ले जाता हूँ।

A tiny word in my pouch
I come for a rendezvous
It sits silent all through
And walks back in me to...

टपकते रहेंगे ख़्वाब

मैं किसी उजले गुलाबी दिन को
अपनी बन्द मुट्ठी खोल दूँगा
रख दूँगा चुपचाप एक लफ़्ज़
तुम्हारी दुधिया सी हथेली पर

जो खुश्बू नहीं होगा
फिर भी महकेगा
चाँदनी नहीं होगा
फिर भी चमकेगा
नशा नहीं होगा
फिर भी बहकेगा

तुम उस लफ़्ज़ को चुपचाप भरना चाहोगी
हाथों की लकीरों में
नहीं भर पाओगी मगर
फिर भी
वो लफ़्ज़ बस जायेगा तुम्हारी नस नस में...

मैं किसी उजले गुलाबी दिन को
अपने बन्द होंठ खोल दूँगा
तुम्हारी रेशमी सी पलकों पर
रख दूँगा धीमे से एक लफ़्ज़
जो नींद नहीं होगा
फिर भी बोझिल होगा

ख़्वाब नहीं होगा
फिर भी नाज़ुक होगा

आँसू नहीं होगा
फिर भी कोमल होगा
वो लफ़्ज़
सोख लेगा तुम्हारी सारी नींदें
उस लफ़्ज़ से रिस रिस कर
टपकते रहेंगे ख़्वाब
तुम्हारी आँखों में
जिनकी ताबीर[1] ढूँढ़ नहीं पाओगी

तो फिर किसी उजले गुलाबी दिन को
मैं अपनी बन्द मुट्ठी नहीं खोलूँगा
वो एक लफ़्ज़ नहीं बोलूँगा
तुम्हारे सामने बैठ
चुपचाप
पी जाऊँगा चाय की प्याली में घोल कर
वो एक लफ़्ज़
और उजले गुलाबी दिन को।

--==--

1. हक़ीक़त।

एक महीना नज़्मों का

४

जिस राह तेरा
चलना होगा
उस राह मेरा
जलना होगा...।

Your each take
Your every turn
I am sure...
I shall burn.

चिराग़

न दोस्ती न दुश्मनी
मेरा काम तो है रोशनी
मैं रास्ते का चिराग़ हूँ

कहो सरफिरी हवाओं से
न चलें ठुमक अदाओं से

कभी फिर करूँगा मोहब्बतें
अभी सामने हैं ज़ुल्मतें[1]

ये अँधेरा पहले नोच लूँ
कोई चाल अगली सोच लूँ

1. अँधेरा।

मैं गुम हूँ अपने ख़्याल में
ये जान लो कि इस लम्हे
मैं दिल नहीं दिमाग़ हूँ

मैं रास्ते का चिराग़ हूँ
मेरा काम तो है रोशनी
न दोस्ती न दुश्मनी

--==--

एक महीना नज़्मों का

९

कुछ रिश्तों का
नमक ही दूरी होता है
न मिलना भी
बहुत ज़रूरी होता है।

Some liaisons
Come alive with distance
A never done meeting
Also has a significance.

ऐसे न देखो

ऐसे न देखो
जैसे पहले कभी देखा ही नहीं

मन्दिर की सीढ़ी जैसा हूँ मैं
मन्दिर का हिस्सा हूँ
मन्दिर नहीं
पेड़ों की छाया जैसा हूँ मैं
पेड़ों के साथ हूँ
पेड़ नहीं

तुमसे मिलने की उम्मीद में
मैं खुद से बिछड़ गया
अब नहीं मिलूँगा

तुम दूर से आ रही
शहनाई की आवाज़
मैं उन लोगों का गीत
जो गीत नहीं सुनते

पतझड़ का पहला पत्ता
रेगिस्तान में खोया आँसू
या मैं गुज़रा वक़्त...
नहीं मिलूँगा

ख़ामोशी की झील हो तुम
तन्हाई में डूबा रस्ता मैं
तुम अपनी जगह पर क़ायम हो
मैं अपने रस्ते ठहरा हूँ
मुझे ख़ुद को ज़िन्दा रखना है
ताकि तुम तक पहुँचने का
ज़रिया बन सकूँ

मुझे तुमसे कुछ नहीं चाहिए
न वाह-वाह, न हमदर्दी
न दिलासा, न भरोसा
न अपनापन, न उम्मीद
न सपना, न सहूलत
मोहब्बत की तो बात ही छोड़ो

बस, ऐसे न देखो...।

--==--

एक महीना नज़्मों का

६

आज उँगली कटी
याद की डोर से
खींचा फिर से किसी ने
तेरी ओर से।

Yet again a wound ripped apart
From the twine of memories
That had depart...
An echo from your terrain
Someone called me again.

वो लड़की

वो लड़की न जाने कहाँ होगी

जिसकी आँखों में चाहत का मझधार था
अपना दिल जिसका बेहद वफ़ादार था
आज फिर याद आयी अचानक वही
जिसको भूले नहीं मेरे चौदह बरस
बात बनके वो निकली ज़ुबां से कभी
अश्क़ बनके कभी जो गयी है बरस
ज़हन के काग़ज़ों में जवाँ होगी
वो लड़की न जाने कहाँ होगी

जिसके दीदार की ख़्वाहिशों में गरक[1]
हो गये थे जवानी के सारे वरक़[2]
अपने घर के मसाईल[3] में उलझी हुई
बात करती भी थी तो नज़ाकत भरी
उसपे नज़रें थीं सारे शहर की मगर
आँख अपनी थी उसपे हिफाज़त भरी
अब यकीं होगी या कि गुमां होगी
वो लड़की न जाने कहाँ होगी

---

1. खोना; 2. पन्ने; 3.मसले।

ख़त आधे अधूरे से लिखती थी जो
जैसा चाहूँ मैं वैसी ही दिखती थी जो
ख़त आधा थमा के जो हाथों में
कह देती थी ख़ुद पूरा कर लेना
मेरे दिल में है क्या तुमको मालूम है
दिल की बातों से काग़ज़ को भर लेना
बातें मेरी तुम्हारी ज़ुबां होगी
वो लड़की न जाने कहाँ होगी

ख़्वाब थी वो मेरा ख़्वाब ही रह गयी
वो हवा सी न जाने कहाँ बह गयी
मेरे कमरे में बिखरी किताबों पे जो
लिख देती थी उन सारे ही नामों को
जिनको ले के मैं उसको बुलाता था
उस पगली पे जब प्यार आता था
जाने किस अजनबी का जहाँ होगी
वो लड़की न जाने कहाँ होगी

--==--

एक महीना नग़मों का

७

मेरे काम का
हर इक रस्ता
तेरे घर के आगे से...।

Every road of my intention
Travels in
Your direction...

मुँडेर[1]

तुम्हारे बिना
मुँडेर तुम्हारी नहीं रहती
मिट्टी की हो जाती है

मिट्टी का एक लड़का
मायूस हो जाता है हर शाम
मुँडेर मिट्टी की होने पर

घर से निकलते हुए
जो कुछ ज़हन में होता है
वही ज़हन में होता है उसके
देर रात घर लौटने पर भी

आज तक इतना ज़हीन[2]
कभी नहीं पाया उसने खुद को
ये कैसी ज़हानत[3] है
जो सारे काम ग़लत करवाती है

---

1. छत का गलियारा; 2. समझदार; 3. समझदारी।

कितना दुखी था वो
सही काम कर करके
अकेला भी बहुत

अकेलापन
सबके सदा रहता है
इन्तज़ार
सबको सदा रहता है।

--==--

एक महीना नज़्मों का

८

मुझमें कितने
मैं रहते हैं
तू जाने या मैं जानूँ।

Of the many 'I's
That breathe in me
Either you see them
Or just me.

आईना

कभी आईने सी बात पे
वो फूल सा निखर गया
कभी आईने सी बात पे
वो टूट के बिखर गया

कभी आईने से छूट कर
खोया रहा तारीफ में
कभी आईने से रूठ कर
गोया[1] रहा तक़लीफ़ में

वो आईने की हिफ़ाज़तों में
अक्स बन कर रह गया
वो ख़ास था पर आम सा
इक शख़्स[2] बन कर रह गया

1. जैसे; 2. इंसान।

वो आयी न अदा उसे
कि वो बने क़ातिल मेरा
सुनाई न सदा[1] उसे
जो दे रहा था दिल मेरा

आईने की दोस्ती भी
ज़ख़्म का व्योपार है।

--==--

1. आवाज़।

एक महीना नग़मों का

१

गीत
सितम्बर
घुँघरू
तेरी पायल में।

Songs
In September's wings
With beads of rhythm
Your anklet sings...

तुम और सितम्बर

सितम्बर की हवा में सरसराती
जिस नज़्म को मौसमों ने
तुम्हारे नाम कर दिया था
मैंने उन मौसमों का एक गीत बनाकर
तुम्हारी पायल में पिरो दिया है
अब तुम अपनी पायल की झंकार में
सारे मौसम देख सकती हो
मौसमों से सुर जान सकती हो
और जान सकती हो
कि मौसमों और सुरों के बीच
क्या रिश्ता है
रिश्तों से कैसे ईजाद[1] होते हैं
मौसम और सुर

तुम जब भी सुरों, मौसमों या रिश्तों की
बात करो
तो सितम्बर की हवा में सरसराती
उस नज़्म को मत भूल जाना
जिसे मौसमों ने तुम्हारे नाम कर दिया
और तुम्हारा नाम

1. पैदा।

ख़ुश्बू की तरह फैल गया था हवा में
हवा में सरसराती थी नज़्म
मैंने कहा
हवा के काग़ज़ पर पेड़
पत्तियों की क़लम से
तुम्हारा नाम लिख रहा है
जिसे पढ़ रही है साँझ ढले घर लौटते
पंछियों की कतार
और सामने पेड़ पर चहकती चिड़ियें...
उन चिड़ियों की चहक में
तुम वही सुर पाओगी
जो क़ैद हैं तुम्हारी उस पायल में
जिसमें मौसमों का एक गीत बनाकर
मैंने भी पिरोया था।

--==--

एक महीना नग़मों का

१०

फिर उस रस्ते
सजदा करने
अक्सर दिल ले आता है
जो तेरे शहर को जाता है।

My heart often pulls me
To that worship abode
Which resides on your road.

दुआ करो

किस दर्द के बेल और बूटे हैं
जो दिल की रगों से फूटे हैं
कोई झूठ ही आकर कह देता
ये दर्द मेरे सब झूठे हैं

चैन परिन्दा घर आये दुआ करो
दर्द परिन्दा उड़ जाये दुआ करो
मेरी तड़प मिटे मेरा रोग कटे
इस जिस्म से लिपटा इश्क़ हटे
तुम साफ़ हवा सी मिला करो...

आँखों के आँसू सब देखें
कोई दिल की दरारें देखे न
मेरी ख़ामोशी के लब सी दो
ये बोले न ये चीख़े न
मेरी सोच के पंख कतर डालो
मेरे होने पे इल्ज़ाम धरो
मेरे गीत सभी के काम आये
कोई मेरा भी ये काम करो

कोई हवस रहे न बहस रहे
कोई टीस रहे न कसक रहे
तुम मुझको खुद से रिहा करो...

मैं एक ख़बर अख़बार की हूँ
मुझे बिना पढ़े ही रहने दो
काग़ज़ के टुकड़े कर डालो
और गुमनामी में बहने दो
तुम मुझको खुद पे फ़ना करो...

अश्क़ों की खेती सूखे अब
ज़ख़्मों से रिश्ता टूटे अब
दिल तरसे न दिल रोये न
कोई इश्क़ में भूखा सोये न
कोई बँधे न रीत रिवाजों में
दम घुटे न तल्ख़[1] समाजों में

मैं सारे जहाँ की फ़िक्र करूँ
फिर अपना भी मैं ज़िक्र करूँ
मैं तप्ती रेत मरुस्थल की
इक सर्द शाम तुम अता करो
चैन परिन्दा घर आये
दुआ करो।

--==--

1. कड़वाहट भरा।

एक महीना नज़्मों का

११

भूख बड़ी
या प्यार...
छोड़ न यार...।

Is love your desire
Or hunger in your pan
Leave it man.

सूखे होंठ

सूखे होंठ जब प्यास की जुबान में बात करते हैं
तो उम्मीद की शाख़ पर आती है पहली पत्ती...

होता है
पहली बार मोहब्बत सुनने जैसा एहसास
सूखे हुए होंठ
मुस्कराहट में बादल की तरह फट जाते हैं
तहस नहस हो जाता है लफ़्ज़ों का शहर
नहीं सुनाई देती जिस्म की पुकार
अपना सा कोई
फैल जाता है आसमान से ज़मीन तक

छूने की ख़्वाहिश ओस बन जाती है
मिलने की ख़्वाहिश धूप

एहसास के दरिया में बहता रहता है इंसान
सूखे होंठों के साथ भी
ज़िन्दगी को तर करता हुआ।

--==--

एक महीना नऊमों का

१२

जब छोड़ा था
सोलह की थी
अब रब जाने
इक्कीस में भी
पचपन पार हुआ करते हैं।

When I left she was sixteen
Now God knows
In twenty one
One may appear
In an aged pose...

निम्मो

गाँव की गलियाँ पूछ रही हैं
कहाँ रहे तुम इतने दिन
निम्मो की तो शादी हो गयी
हार गयी थी दिन गिन गिन

बहुत देर तक रस्ता देखा
गाँव को खुद पे हँसता देखा
उसे यक़ीं था लौटोगे तुम
तुम तो हो गये शहर में ही गुम

टूट गयी फिर वो बेचारी
इन्तज़ार में हारी हारी
खुद से खुद ही गयी वो छिन
कहाँ रहे तुम इतने दिन

एक मोड़ से मिला था कल मैं
उसके पास रुका इक पल मैं
पूछा
कैसे हो तुम भाई
कैसे इतने साल बिताई

मोड़ बूढ़ा सा हुआ पड़ा था
लेकिन अब भी वहीं खड़ा था
मुझको वो पहचान न पाया

मैंने अपना नाम बताया
मोड़ खुशी से झूम उठा तब
बोला
पढ़ा है तेरे बारे में सब
हो गये हो तुम बड़े आदमी
इन्सां हो या फल हो मौसमी
एक साल में एक ही फेरा
गाँव में भी तो घर है तेरा

निम्मो ये बोला करती थी
जाने कैसे जरती[1] थी
चली गयी वो अब लेकिन
मोड़ भी मुझसे पूछ रहा था
कहाँ रहे तुम इतने दिन

निम्मो गाँव की सड़क थी कच्ची
जिसको मेरे बिन रोना था
इक दिन पक्का होना था
अच्छा हुआ कि पक्की हो गयी
गाँव में चलो तरक्की हो गयी
हाँ, पर मेरी निम्मो खो गयी।

--==--

1. सहन करना।

एक महीना नज़्मों का

१३

ख़्वाब देखना खेल है लेकिन
पूरा करना खेल नहीं
सुबह शाम का मेल नहीं।

Dreaming is a child's game
Realizing is never the same
Dawn and Dusk
Never fit in one frame.

तकलीफ़ की तह

मैं फिर आऊँगा
वो बन कर
जो तुम्हें अच्छा लगे
तुम्हारे पास रहे

मैं तुम्हारी टीस, तुम्हारा दर्द

तुम्हारा ख़ालीपन समेट कर
जा रहा हूँ ज़मीं के पार
हर इक ज़हन से परे
हर इक चुभन से परे
इसी आसरे
कि इस बार
न मेरी ज़ात अलग होगी
न मेरा रंग
न तहज़ीब न ज़ुबान
न हैसियत न शान
न रोज़गार का फ़िक्र

न होगा मेरी तक़दीर की
नाकामियों का ज़िक्र
इस बार मैं तुम्हारे
हालात में आऊँगा
अपनी औक़ात में आऊँगा

तकलीफ़ की तहों से
निकाल लाऊँगा पूरी ज़िन्दगी

लौटूँगा
तो तुम किस नाम से मिलोगी?

--==--

एक महीना नज़्मों का

१४

मुश्किल थे
पर अच्छे थे
मटमैले वो साल
आज से ज़्यादा सच्चे थे।

Tumultuous, but dear
Was my yester year
Where life had simple needs
Unacquainted with teeming seeds...

दस्तूर[1]

मैं पुराने ज़माने का दस्तूर हूँ
तुम तरक्की पसन्द
इसलिए दूर हूँ

तुम मुझे भूल जाने को मजबूर हो
मैं तुम्हें याद आने को मजबूर हूँ...

तेरे ख़त में रहूँगा मैं आदाब सा
तेरी आँखों में भटके हुए
ख़्वाब सा
मैं न खोऊँगा अपनी इज़्ज़त कभी
मैं हूँ तुलसी की लिक्खी
कीताब[2] सा
तुम जो समझो तो समझो
कि मग़रूर हूँ
मैं पुराने ज़माने का दस्तूर हूँ

1. रिवाज, परम्परा; 2. किताब।

मैं चलूँ जिस तरफ़ प्यार लेकर चलूँ
जान देकर चलूँ यार लेकर चलूँ
दिल की कश्ती चले सिर्फ़ एहसास में
आओ तुमको भी उस पार लेकर चलूँ
इस घड़ी थक के बेशक़ हुआ चूर हूँ
मैं पुराने ज़माने का दस्तूर हूँ

मेरी बँगलों से कारों से निस्बत[1] नहीं
क्या तभी तुमको मेरी ज़रूरत नहीं
तुम जो मानो तो ला दूँ मैं
ये सब तुम्हें
इनमें आराम है पर मोहब्बत नहीं
मैं मोहब्बत में छलका हुआ नूर हूँ
मैं पुराने ज़माने का दस्तूर हूँ

--==--

1. सम्बन्ध।

एक महीना नज़्मों का

१५

भीगी भीगी
सर्द रात और
बिजली गुल
परछाइयों में बातें पुल।

Rainy cold nights
Disappearance of lights
Conversations bridge meadows
In between shadows.

एक महीना नज़्मों का

अल्फ़ाज़ों का एक खज़ाना मेरे पास
और ख़्वाबों की एक पिटारी तेरे पास

मैं तेरे ख़्वाबों का कोई नाम धरूँ
तुम मेरे लफ़्ज़ों में
ख़्वाब पिरो देना
ताकि हम इस लेन देन में
भूल सकें
तन्हाई में चुपके चुपके रो देना

मैंने तेरे एक ख़्वाब को बचपन लिक्खा
जिसमें तुमने खुद को
बुढ़िया पाया था
और, कोई तुमसे भी इक-दो
साल बड़ा
चंद बताशे तेरी ख़ातिर लाया था

मैंने तेरे एक ख़्वाब को लिखा जवानी
जिसमें तुम इक तीन साल की
बच्ची थी

जिस्म ज़हन से कच्ची थी
सच्ची थी
ठेठ[1] झूठ की जेठ[2] झूठ की
शिखर दोपहरी
जिस्म ज़हन को 'दुनिया' पुख़्ता करती है
पता है मुझको नींद में तेरी
अब तक मीलों
नन्हीं बच्ची ठुमक-ठुमक कर चलती है
फिर आता है एक महीना नज़्मों का
नाक-कान को बेंधने वाली
रस्मों का
और बुढ़ापा यहाँ से शुरू
नहीं होता...।

--==--

1. शुद्ध; 2. गर्मी का महीना।

एक महीना नज़्मों का

१६

मेरी उससे बात हुई
सारी सारी रात हुई
बिन बोले ही बोला वो
लफ़्ज़ उधारे मुझसे माँग...।

I had a word
A night long word
She echoed all artillery
Lent from my vocabulary...

ख़त

आजकल मैं डरता किसी को ख़त नहीं लिखता
कहीं मेरे ख़त को
मेरी उदासी का लिखित सबूत न मान लिया जाये
देखा
कितना झूठा हो गया हूँ मैं एहसासों में
इस शहर में आकर

हालाँकि मैं चाहता था कि आज की रात
ख़ामोशी की ज़ुबान में
किसी के साथ उम्र जितनी लम्बी बात करूँ
लेकिन दीवारें अनकहे बोल सुन सुन कर थक गयीं

दीवारों को कानों पर हाथ रखे देखा
तो अधसोये लफ़्ज़ों को जगाया

क्योंकि अब मैं ख़त बन कर
उन आँखों के सामने खड़ा होना चाहता हूँ
जिनमें हौसला हो सपने देखने का

तुम इस वहम में मत पड़ जाना
कि मैं खुद को सपना कह रहा हूँ

सपना इंसान नहीं हो सकता
इंसान सपना हो सकता है

अब मैं तुम्हारे सामने हूँ
अगर तुम्हारी खुदपसन्दी कम हुई हो

तो मुझे उदासी की बात करने की इजाज़त दो
देखना कहीं मेरी बात सुन कर
तुम आईना मत बन जाना
इस समय मैं अपना अक्स नहीं देखना चाहता
गर कहीं सचमुच खुद को
खुशियों से बेगाना पाया
तो ख़त के आखिर में
'तेरा अपना' लिखने की जुर्रत कहाँ से लाऊँगा

नहीं बन सकता अगर होंठों की हँसी
माथे की शिकन भी क्यों बनूँ

वैसे मैं तुम्हें ये नहीं कहना चाहता था
कच्चे दूध की मिठास जैसे मिठड़े दोस्त
मैं तो ये कहना चाहता था
अपने अन्दर सुलगती आग पर
लापरवाहियों का पानी मत डाल
ऐसा न हो
अन्दर ही अन्दर कुछ ठंडा हो जाये
जिस्म से
बर्फ की तरह भाप निकलने लगे
तुम सवाल कर सकते हो

'तुमने गर्मजोशी से क्या पाया'
गर्मजोशी ने
मुझे पहले रेगिस्तान जैसा कुछ बना दिया
अब किसी
वीरान रेगिस्तान में खोई
नदी की आँख का आँसू हूँ

काश! मैं सड़क किनारे का दरख़्त होता
तुम मेरी टहनियों में घोंसला बना सकती थीं
अफ़सोस ! समय ने मुझे
चौराहे पर लगी सलीब[1] बना दिया है
समय कभी कभी कैसे एहसान कर देता है
इंसान को मार के भगवान कर देता है

सोच
भगवान होने के बाद
कितना अकेलापन घेर लेता है
क़ैद होता है वो सुनसान चारदीवारी में
मेरी तरह दीवारों से बातें करता हुआ

---
1. जिस पर ईसा मसीह को लटकाया गया था।

एहसानमन्द हूँ दोस्त
तुम्हारी उठती गिरती पलकों ने
मुझे बात करने की मोहलत दी
और याद दिलाया उन आँखों को
जिनमें मौसम ने सपने बो दिये थे
फिर मौसम ने ही
सपनीली ज़मीन को बना दिया था खारे पानी की झील
दोनों ओर जिसके पलकें
देवदार के दरख़्तों की तरह ख़ामोश
जैसे तपस्या में मौन खड़े तपस्वी

शायद कुछ देर बात करके
न मैंने तुम्हारी तपस्या भंग की होगी
न तुम्हारे मौन को तोड़ा होगा
अगर ऐसा हो भी गया हो तो मुझे माफ़ करना
मैं भी तो दीवारों से बातें करता करता थक गया था।

--==--

एक महीना नज़्मों का

१७

आप भला क्या समझायेंगे
इश्क़ मदरसा
सबक इश्क़ है
अब तो चारों तबक इश्क़ है...

What can you teach
When love is the learning
And love is the lesson
O' Soul is in love's possession.

शाख़ मोहब्बत

शाख़ से टूटे दो पत्तों को
मौज की मर्ज़ी बहने दो
दुनियादारी रहने दो

हाथ मिलें तो दो हाथों की
चन्द लकीरें मिलने दो
हाथ से वक़्त फिसलने दो
बिन पंखों का एक परिन्दा
दुनिया जिसको दिल कहती
तेरी पाक हँसी की आहट
सुन कर ये उड़ जाता है
अब सीने की मुँडेरों[1] से
दर्द के सारे घेरों से

दिल शायद ख़ामोश झील है
जिसमें गिरतीं नरम बौछारें
तेरी रेशम बातों की
लफ़्ज़ों की सौगातों की

1. छत का गलियारा।

तू होंठों की सलवट जैसा
या हाथों की रेखा सा
देखके भी अनदेखा सा

पोशीदा[2] है पाक मोहब्बत
तेरे बिन है खाक़ मोहब्बत
तेरी हसरत जंगल जितनी
मेरी है इक शाख़ मोहब्बत

--==--

1. छिपी हुई।

एक महीना नज़्मों का

१८

मैं बात तुम्हारी करता हूँ
सब कहते शायरी करता हूँ
ये तोहमत भी सर आयी है...।

When I speak of you
Like poetry it sounds to few
Ah! Another accusation
In my recognition...

उसकी 'हाँ' से

रंग रात का उड़ा अचानक
चाँद पे जाकर बैठ गया
ख़ामोशी ने पहलू बदला
बात आँख से बरस गयी...

साँस रोक कर लम्हे सारे
देख रहे थे ये मंज़र

बिरहा की चादर में लिपटा
वसल[1] फ़कीरों जैसा था
न कुछ पाने की ख़्वाहिश
न ग़म खोने का
फिर भी जाने क्या था
जिसकी हवस बड़ी थी

उठती गिरती छाती में
तहज़ीब छुपा कर
झूठ तूफानों से लड़ती वो
जितना कहने आयी थी
उतना कह न पायी थी

---

1. मिलन।

लफ़्ज़ रास्ते में ही जाने
कब हाथों से छूट गये
झंकार हुई न गिरने की

अब पलकें ताली मार मार के
नाच रही थीं
दाँत बेवजह होंठ के सलवट
काट रहे थे

मैं पत्थर का वो श्रापित बुत
जो फिर इन्सां हो सकता था
उसकी 'हाँ' से

डर की तह में दबे पड़े थे
सभी जवाब
बात का लहजा लेकर निकले
तो फिर...

रंग रात का उड़ा अचानक
चाँद पे जाकर बैठ गया
ख़ामोशी ने पहलू बदला
बात आँख से बरस गयी...

--==--

एक महीना नज़्मों का

१९

मेरे अन्दर
बंजर-बंजर
तेरी प्यास
समन्दर की

My being
is a parched land
Your desire
is an ocean's hand.

एक बूँद तन्हाई

नरम उदासी शाख़ पे उतरे
टपके ओस ख़ामोशी की
देर रात को भटका लम्हा
घर लौटे बेचैनी में
एक बूँद तन्हाई बरसे
बन हरियाला हो जाये

बेनाम ज़र्द[1] सुनसानों में
कोई चीख़ रास्ता भूली हो
दो होंठ तरसते मिल जायें
कहीं इक चुम्बन की सूली को
उँगली के पोरों से लिपटा
कोई दुख लग जाये आँखों में
और धड़कन नीम रुआँसी हो
फिर घुले मिले एहसासों में

---

1. पतझड़ वाला पीला रंग।

बिन्दास गले में मस्ती से
किसी घुटन ने बाजू डाली हो
दर्दों के खज़ाने पर अपने
कुछ ज़ख़्मों की रखवाली हो
हो जान लबों पे जीने के
मरने की ख़्वाहिश खो जाये
गीले तकिये के रेशम पे
तकलीफ हँसे और सो जाये
एक बूँद तन्हाई बरसे

लौ लगे हुनर की हुस्ना से
जज़्बात ज़रूरी रह जायें
इक बाढ़ ख़्यालों की आये
सब ग़ैरज़रूरी बह जाये

--==--

एक महीना नज़्मों का

२०

एक करवट आपका
एक करवट मेरा भी
एक छत में जागना
रिश्ते को अपने क्या हुआ ?

We breathe of different air
Though a single roof we share
What cursed
Our coeur's affair.

ख़फ़ा मत होना

मुझको महसूस हो रहा है दोस्त
तुम्हारी आँखों से
तुम्हारी बातों से
तुम्हारे हर इक अन्दाज़ से
तुम्हारी ख़ामोशी की आवाज़ से
तुम्हारे मिलने के तरीक़े से
बात करने के सलीक़े से
यूँ हल्के से गुनगुनाने से
और बेवजह मुस्कुराने से
जैसे आज
तू मुझसे ख़फ़ा है शायद

तुझे क़सम है मेरे लफ़्ज़ों की
तुझे क़सम है मेरी आहों की
तुझे क़सम है मायूस होंठों की
तुझे क़सम है पुरनम[1] निगाहों की
ख़ुदा के लिए दूर मत होना
हुस्न पे मग़रूर मत होना
लाजवाब हो है ख़बर लेकिन
आम इन्सां से हूर मत होना

---
1. आँसू भरी।

तुमने जब भी मुझे सताया है
जब कभी भी रुलाया है
यानी चाहत के हर इम्तेहां में
मेरे इश्क़ को बेदाग़ पाया है

तुम मुझसे दूर रहो तो रहो
मैं तुमसे दूर नहीं रह सकता
तुम ख़ुद को हूर कहो तो कहो
मैं तुम्हें हूर नहीं कह सकता

हूर ख़्वाहिश है
बस इक ख़्याल है
उनके पास कहाँ गुस्सा और मलाल है
हूरें सिर्फ़ सुनी सुनाई बातें हैं
उनके पास कहाँ तेरे जैसी आँखें हैं
हूर अपनों को भूलना क्या जाने
तेरी तरह रूठना क्या जाने
इक तसव्वुर[1] है हूर अब तो मानोगी
तुम हक़ीक़त हो ख़ुद को जानोगी
मैं हक़ीक़त से दूर नहीं रह सकता
बस
तभी तुम्हें हूर नहीं कह सकता।

--==--

1. ख़्याल।

एक महीना नज़्मों का

२१

राही लौटे
पंछी लौटे
सूरज लौटा अपने देस
माये, कैसे लौटेगा वो
जिसके घर में है परदेस...

Achievers retreat
Birds fleet
Sun sets in their abode's net
Oh! Where'll he rest
Whose home is an estranged nest...

लौट भी आ

थक गया उड़ते उड़ते
जाने किस तलाश में
रुक गया चलते चलते
जाने किसकी आस में

कोई सदा सुने आवाज़ लगे
कोई गजर बजे या शोर जगे
अब लौट भी आ परवाज़ न कर
खुद को खुद से नाराज़ न कर
आ लौट के अपने घर आजा
आ लौट मैं तेरी राह तकूँ

क्यों पहुँच गया है वहाँ भला
जहाँ उमर से लम्बी तन्हाई
जहाँ साँय साँय साँस की है
जहाँ सूनेपन की शहनाई

ये थकन जो अटकी है तुझमें
मेरे बदन पे दे उँड़ेल इसे
मैं तेरी ख़ातिर ज़िन्दा हूँ
मेरे होते न तू झेल इसे।

--==--

एक महीना नग़मों का

२२

मोहब्बत मोहब्बत
मोहब्बत
बक मत बक मत
बक मत...।

Lovessence lovessence
Lovessence
Nonsense nonsense
Nonsense...

मोहब्बत की बात

चलो मोहब्बत की बात करें
अब
मैले जिस्मों से ऊपर उठ कर

भूलते हुए कि कभी
घुटने टेक चुके हैं हम
और देख चुके हैं
अपनी रूह को तार तार होते
झूठे फ़ख्र के साथ...

चलो मोहब्बत की बात करें
ज़िन्दगी के पैरों तले
बेरहमी से रौंदे जाने के बाद
मरहम लगाएँ ज़ख़्मी वजूद पर
जो शर्म से आँखें झुका कर
बैठा है सपनों के मज़ार पे

इससे बुरी कोई बात नहीं कर सकते
हम अपनी ही ज़िद्द में
धोखा दे चुके हैं अपने आपको
खेल चुके हैं खुद अपनी इज़्ज़त से
भोग चुके हैं झूठ को सच की तरह...

अब
इन हालात में
कोई ग़ैरज़रूरी बात ही कर सकते हैं हम

आओ मोहब्बत की बात करें...

--==--

एक महीना नग़मों का

२३

ये सफाई कहीं और दे
जानता हूँ तेरी आदतें...

Keep away your clarifications
I know your predilections...

होगा यूँ ही

मैं तुम्हें एक ख़त लिखूँगा
मगर उसे डाक में नहीं डालूँगा
मैं बनाऊँगा उसकी एक नाव
जिस पे सवार करके अपनी सोच
ठेल दूँगा बरसात के पानी में
तुम्हारी ओर

तुम भी एक ख़त लिखना
जवाबी
मगर उसे डाक में मत डाल देना
नाव पहुँचने से पहले ही

नाव पहुँचने से पहले ही
जब डूब जायेगी
तुम तक नहीं पहुँच पायेगी
मेरी सोच

मेरी सोच
तुम झुँझलाना मुझपर
और गुस्से में आकर
फाड़ देना उस ख़त को
जो तुमने अभी नहीं लिखा।

--==--

एक महीना नज़्मों का

२४

ज़रूरत वही थी
जितनी कही थी
बाकी सब लिबास था।

Basic is where lies the essence
Rest is all
Made-up pretense...

पक्का पता

सही मिक्दार[1] में मिलना
मेरी ज़िन्दगी में
न ज़्यादा, न कम

मेरी सोच की शाखों पर
जो मिलन का रेशम फैला है
वो भीग गया तो मुश्किल

तेरे जज़्बात के फूलों से
जो ख़्वाब की ओस टपकती है
उसे धूप लगी तो मुश्किल

ये मौसम सब्ज़[2] बहार का है
इस शहर में जिसके पास कोई
अपना पक्का पता नहीं

---

1. मात्रा; 2. हरा।

पक्का पता मकानों से
और न ही गली, मोहल्लों से
एहसास से पूरा होता है
ये और बात एहसास का भी
कोई पक्का पता नहीं

तुम मोहब्बत हो
तुम्हारा पक्का पता है...?

है
तो सही मिक्दार में मिलना।

--==--

एक महीना नज़्मों का

२८

बचपन में गुम
कितने क़िस्से
हर क़िस्से में
मैं और तुम।

My childhood days
Recite untold tales
Knitted in yarn of You n Me.

बच्ची, मिट्टी, प्यार

...एक बच्ची मिट्टी से खेल रही है
मिट्टी का बुत मन माफ़िक बना रही है

उससे बतिया रही है
तोड़ रही, तराश रही
हवा में उड़ा रही है
मिट्टी का साथ, बच्ची
नाच रही, गा रही है

बच्ची को समझाया जाता है
मिट्टी से मत खेलो
खेल नहीं है मिट्टी

बच्ची को मिट्टी से प्यार है

बच्ची को थपड़ाया जाता है
मिट्टी गन्दा कर देगी
हाथ, पैर, चेहरा, बाल
लग जायेंगे दाग़
मिट्टी से दूर रहो

बच्ची को मिट्टी से सचमुच प्यार है

धीरे धीरे बच्ची समझदार हो जाती है
मिट्टी को मिट्टी मानना
कोई छोटा सबूत नहीं समझदारी का

बच्ची समझदार है
उसे मिट्टी से प्यार नहीं
समझदार होकर
कहाँ हो सकता है प्यार
जैसा कि इस कहानी में
बच्ची को मिट्टी से था

जिसमें तुम बच्ची थीं
और मैं था मिट्टी।

--==--

एक महीना नज़्मों का

२६

वो जहाँ आख़िरी साँस रहा करती है
मैंने चुपचाप तुम्हें रख लिया
वहीं पे कहीं।

The specks where my last breath thrives
I've placed you there
In silent ties.

तुम्हारी याद के कारन

मैं बचा लूँगा तुम्हें
अपनी वहशत[1] से
अपनी सच्चाई की तरह
अपनी आदत से
अपनी अच्छाई की तरह
हरेक धूप से
अपनी परछाईं की तरह

तुम अपने आप में
तक़सीम[2] हुई जाती हो
मौजूदा दौर की
तालीम[3] हुई जाती हो
तुम्हारा नाम है
कचनार[4] की इक टहनी
मगर क्यों ख़ौफ़ से
तुम नीम हुई जाती हो

तुम्हारे रंग बदलते हैं आसमां की तरह
तारीख़ जैसी तेरी बात बदल जाती है

1. पागलपन; 2. विभाजित; 3. पढ़ाई; 4. हरा फल।

किसी को यूँ तो कोई फ़रक नहीं पड़ता
हाँ मगर मेरी क़ायनात बदल जाती है
मैं जो रहता हूँ तेरे अनदिखे से दायरों में
तुम्हारी मेज़ पे रखे उदास शायरों में

मैं इक किताब सही लफ़्ज़ या हरफ़ ही सही
मैं तेरे लाख गुनहगारों की तरफ़ ही सही

मेरा वजूद तुम्हीं में दिखाई देता है
मेरा ख़्याल तुम्हीं में सुनाई देता है

ज़माना बोलता है जिसको मेरी तन्हाई
तुम्हारी याद के कारन वो बज़्म[1] होती है
मैं ग़म के फूल चुनके रखता हूँ
तुम्हारा साथ मिले तो ही नज़्म होती है

तुम्हीं तो हो वो जिसे रोज़ लिखता रहता हूँ
तुम्हें बचा लूँगा मैं
अपनी जान के सदके।

--==--

1. महफ़िल।

एक महीना नग़मों का

२७

मान लो
तुमने कुछ भी न माना
मान लो
मैंने सभी मान लिया।

Concede now
You never conceded
Concede that
I always ceded...

चाँदनी के दाने

मैं खुले किवाड़ों सा
तू ज़रा सँभलके आ
अजनबी सी बेचैनी
जालीदार अँधेरे में
सर छुपाये बैठी है
रात के उनींदे[1] हैं
उसके पास देने को
पर छुपाये बैठी है

चाँद के लिफ़ाफ़े में
चाँदनी के दाने हैं
कुछ अँधेरे अपने हैं
और कुछ बेगाने हैं...

मैं खुले किवाड़ों सा
तू ज़रा सँभलके आ
ख़ालीपन के हाथों में
शाम का सन्नाटा है
और तू निशाने पर

1. न सो पाना।

बात की दरारों से
दर्द टपक जायेगा
तेरे पास आने पर

साँस कोई आरी है
काटती है जो मुझको
बोल ही दिया आख़िर
आज मैंने सच तुझको

मैं खुले किवाड़ों सा
तू ज़रा सँभलके आ
हर खुले दरीचे[1] में
कोई राज़ रहता है
सबकी आँख से ओझल

अपनी बेख़्याली में
अश्क़ जैसा हल्का जो
अश्क़ जैसा ही बोझल

मौसमों के झुरमट में
याद की सियासत पर
तू ही राज करती है
ख़्वाब की रियासत पर
अब तुम्हारी मर्ज़ी है...

--==--

1. दरवाज़े।

एक महीना नज़्मों का

२८

इक तरफ़ा जो होता है
वो इश्क़ अचानक मिला मुझे
बड़ा हँसा बेबाकी से
वो राँझा, मिर्ज़ा, सोहणी पर ।

One - sided love
Met me on the curve
And lashed a laughter riot
At Raanjha, Mirza n Sohni's pride.

ख़्याल में उसके

...मैं उसका हो भी चुका
और उसे ख़बर भी नहीं
इलाही
इस ख़बर से
...बेख़बर करे मुझको

मैं जी रहा हूँ किसी
आस के धुँधलके में
मैं लापता हूँ किसी
नाज़नीं के हलके[1] में

टूट जाये ये मेरी बेहोशी
मोड़ ऐसा भी न आये कोई
मैंने खोया है खुद को मुश्किल से
या खुदा ढूँढ़ न लाये कोई

वो इस वहम में जिये
कि नहीं किसी की वो
मैं इस यक़ीं पे मरूँ
मैं सिर्फ़ उसी का हूँ

1. क्षेत्र।

वो अपने आप में सिमटे
ज़मीन हो जाये
वो अपने वहम से उठकर
यक़ीन हो जाये

मैं उसके हुस्न पे लिक्खा
दिवान हो जाऊँ
ज़हन की कैद से छूटूँ
जहान हो जाऊँ

मैं अपने आप को रख के
ख़्याल में उसके
ये भूल जाऊँ कभी
ख़ुद को रख दिया था कहीं

वो अपने आप को रख के
नसीब में मेरे
उमर भर फिकर न करे अपनी

वो अनकहा जो अभी
ख़्वाहिशों में लिपटा है
उसे ख़राश तो आयी है
मगर मामूली
वो अनसुना जो अभी
उसके दायरों में नहीं
उसी ने बात बढ़ाई है
मगर मामूली

वो अपने लहजे को
अल्फ़ाज़ से जुदा कर दे
या मेरी सोच को
परवाज़ से जुदा कर दे
जो हर उड़ान में
उसकी तरफ़ ही जाती है

मैं अपने जज़्बे को
तरतीब से जुदा कर लूँ
या अपने आप को
तहज़ीब से जुदा कर लूँ
ये बात मेरी
समझ में तो कम ही आती है

ये ख़बर झूठ भी हो सकती है
मैं भला क्यों इसे सही मानूँ
जो मेरा दिल गवाही देता है
मेरा ख़्याल है वही मानूँ...।

--==--

एक महीना नज़्मों का

२१

शहर की
तन्हाई से घबराई है
ये हवा
जो जंगलों से आयी है।

She rustles with fear
Of city's lonesome affair
This breeze...
Which flew from woods to be here.

मैं तो अगला मोड़ हूँ

सर्द आँखों को
सुलगता ख़्वाब देकर जाऊँगा
मैं किसी चेहरे को
अपनी ताब[1] देकर जाऊँगा
जिनकी किस्मत में
अँधेरा लिख रहा है आसमाँ
उनके हाथों में
नया माहताब[2] देकर जाऊँगा

जी सकोगी तब तलक उम्मीद में
जब यक़ीं ख़ुद पे तुम्हें हो जाये तो
बेसाख़्ता[3] आ जाना मेरी नींद में

ख़्वाब मेरा तू भी है
और भी दो चार हैं
ढूँढ़ते हैं जो ताबीरें[4]
मेरी हर इक बात में
बैठे रहते हैं सिरहाने
अधजगे से रात में

---

1. चमक; 2. चाँद; 3. बेझिझक; 4. हक़ीक़तें।

कॉफ़ी घर के इश्क़ से आगे
गुलाबों से परे
सिगरेटों के सुरमई धुएँ,
शराबों से परे
इक मोहब्बत और भी होती है
इतना जान ले
शहर में तन्हाई के डर से,
दबावों से परे

आ वहाँ जायें जहाँ न जिस्म है न ख़्वाहिशें
न धोखा है, न दर्द है, न फर्ज़ न फरमाइशें
न हुस्न पे पाबन्दियाँ न इश्क़ की आज़माइशें

क्यों तेरी आँखों के नीचे
यूँ स्याही आ रही
कह दे मुझ से कौन सी
तकलीफ है जो खा रही
बात है तुझमें भी कोई
भूलती क्यों जा रही

भूल मत कि इश्क़ भी
इक रस्म है इस देश की
बाकी रस्मों की तरह जो
हो रही है खोखली
न उदासी की दवा, न
तोड़ है तन्हाई का
ख़ूबसूरत अक्स है ये
झूठ की परछाईं का

इससे पहले जिस्म तेरा ज़र्द हो, नापाक हो
तू कहीं अन्दर ही अन्दर टूट जाये, ख़ाक हो
मुझसे तू तकलीफ अपनी बोल दे, बेबाक हो

जो तेरा हिस्सा नहीं
वो ज़ुल्म सह न इस तरह
शाम की दहलीज़ पर
ख़ामोश रह न इस तरह
अपनी ही आँखों से आँसू
बनके बह न इस तरह

देख कोई ख़्वाब तू चाहत की चादर से बड़ा
मरियम के एहतराम[1] से सीता के आदर से बड़ा

मैं तो अगला मोड़ हूँ
इस राह में फिर आऊँगा
तेरे दिल की सूनी सी
दरगाह में फिर आऊँगा
जा रहा हूँ इस घड़ी
तेरे ख़्यालों से परे
लौटकर लेकिन तेरी
परवाह में फिर आऊँगा

जी सकोगी तब तलक उम्मीद में...?

--==--

1. सम्मान।

एक महीना नग़मों का

३०

जो सभी का है
मरना उसी के लिए
दरअसल ये हुनर
इश्क़ है साहिबो !

One who belongs to all
Relinquish in his call
This is the true identity
Of love's long biography.

इधर आओ

तुम वहाँ क्यों हो ?
जहाँ हो

इधर आओ
सोच की सरहद के इस तरफ़
रोशनी मोहताज नहीं
चाँद या सूरज की
छाओं के लिये दरकार नहीं
पेड़ या बादल
वक़्त अपनी होंद खो देता है
जहाँ, सचमुच 'जहां' है

रोक के अलावा
किसी चीज़ पर रोक नहीं जहाँ
जीना और होना मायने बदल रहा है
ज़िक्र ज़हन में है और
कोहासा छँट रहा है
सुरूर का प्याला
रूह की रगों में बँट रहा है

लिबास का फ़िक्र नहीं
फ़िक्र का लिबास नहीं
काम ज़रूरत नहीं
ज़रूरत काम नहीं
ख़्वाहिशों के कन्धों पर
तहज़ीब का बोझ भी नहीं जहाँ

जुनून और सुकून में
कोई फ़र्क़ नहीं

आओ सन्नाटे पर पाँव रखते हुए
अँधेरे की लगाम थामे
ख़लाओं[1] से पता पूछते हुए

ठीक से ज़रा पहले
सच के पास
एहसास के किनारे
ज़िन्दगी के मोड़ पर

आख़िरी घर मेरा है।

--==--

1. अन्तरिक्ष।

एक महीना नज़्मों का

३१

दुनियाभर का
ख़्याल है यूँ तो
तेरे ख़्याल की
कुछ बात ही निराली है।

Thoughts of the world
Trap me all the while
But only yours
Unfailingly give me a high.

ख़्वाहिश

चल मिलके इक गीत बनायें
उसके बाद विदा हो जायें...

वो गीत हो गाँव की लड़की का
चुपचाप बदलती धरती का
जो सँवरके रहना चाहती है

वो गीत हो आम सी ख़ुशियों का
जो होकर भी इस दुनिया में
जाने क्यों नज़र नहीं आती

सुन्दर दिखने की चाहत में
बेवजह खरच हो जाने की
जाने क्यों हवस नहीं जाती

रोज़ाना सबके साथ है जो
वो साया है या उलझन है
या तल्ख़[1] तनावों की हलचल

1. कड़वे।

फ़र्ज़ के बोझ में दब दब के
कितने रिश्ते मर जाते हैं
सोचेंगे वक़्त मिला जो कल

वो गीत हो छोटे बच्चे का
जिसे दुनियादारी चाटों से
घर में सिखलाई जाती है

वो गीत तुम्हारा अपना हो
अब जान भी ले क्या कहके ही
हर बात बताई जाती है

चल मिलके इक गीत बनायें
उसके बाद विदा हो जायें...

--==--

फिर सोचेंगे
तू क्या था और मैं था क्या
इस पन्ने पे सिर्फ़
'जुदाई' लिखते हैं।

Let time decide
Who were you and who were I
On this last leaf
Lets just write a 'Good Bye'.

irshad@irshadkamil.com
www.irshadkamil.com

follow IRSHAD @
http://www.irshadkamil.com/content/more

एक महीना नज़्मों का

नज़्मों का संग्रह

यह किताब क्या आपको अच्छी लगी?
अपने प्रश्न व जिज्ञासा

इरशाद कामिल

को ई-मेल करें।

ई-मेलः irshad@irshadkamil.com

फिर आता है एक महीना नज़्मों का
नाक-कान को बेंधने वाली
रस्मों का
और बुढ़ापा यहाँ से शुरू
नहीं होता...।

३१